子育て支援の

親子遊び30分プログラム

「流れ」を作ればうまくいく！

永野美代子 著

JN174755

チャイルド本社

やってみよう！「親子遊

「親子遊び 30分プログラム」ってなに？

子育て支援に ぴったり！

園の子育て支援ルームや施設で行う、0・1・2歳児向けの親子遊びプログラムです。起承転結の流れを作ることで、親子がスムーズに場に慣れて、いろいろな遊びを楽しんでもらうことができます。

どうして30分なの？

子どもが 飽きずに 楽しめる！

親子でふれあってたっぷり遊べ、子どもの集中力が途切れない時間の目安が 30 分です。プログラムにすることで流れに緩急がついて遊びが単調にならず、「楽しかったね！」と親子の満足感も高まります。

び 30分 プログラム」

初めてでも
チャレンジできる?

そのまま使えるプランを掲載しているので、初めての方もすぐに取り組んでいただけます。慣れてきたら、豊富な遊び案から遊びを加えたり入れ替えたりと、アレンジも自在にできます。

「基本」は
ゆったり構成

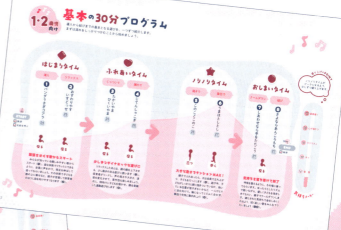

「発展」は
内容充実!

早速チャレンジ
してみよう!

子育て支援の 親子遊び

30分 プログラム

もくじ

第1章 子育て支援の親子遊び 基本のき

第2章 \始めよう!/ 子育て支援の 親子遊び30分プログラム

第3章

\ もっと楽しもう！ /
入れ替え遊びプラン集

楽しさいっぱい！ 『子育て支援の親子遊び30分』

プログラム』遊びインデックス

ノリノリタイム

親子で

このこどこのこ
26ページ

そらまでそらまで
とんでいけ
39ページ

えんやらもものき
66ページ

こりゃどこの
じぞうさん
66ページ

つき
67ページ

ぶらんこ
67ページ

このこどこのこ
44ページ

ゆすってゆすって
51ページ

ぶらんこ
74ページ

集団で

うまはとしとし
27ページ

おんまさんのおけいこ
33ページ

どんどんばしわたれ
39ページ

おうま
68ページ

だるまさんが
ころんだ
68ページ

おちゃをのみに
69ページ

もどろもどろ
45ページ

おんまさんの
おけいこ
56ページ

うえからしたから
57ページ

なべなべ
そこぬけ
75ページ

もどろもどろ
（大小バージョン）
75ページ

おしまいタイム

クールダウン

しあわせなら
手をたたこう
27ページ

白い囲みの遊びは
第2章「親子遊び
30分プログラム」
に登場します。

結び

さよなら
あんころもち
27ページ

ピンクの囲みの遊
びは第3章「入れ
替え遊びプラン集」
で紹介しています。

結び

さよなら
あんころもち
45ページ

7

この本の使い方

本書掲載の「親子遊び 30 分プログラム」は、30 分間の流れと具体的な遊び案を示しています。
そのまま行うほか、遊びを入れ替えて自由にアレンジができるようになっています。

始めよう
親子遊び 30分プログラム

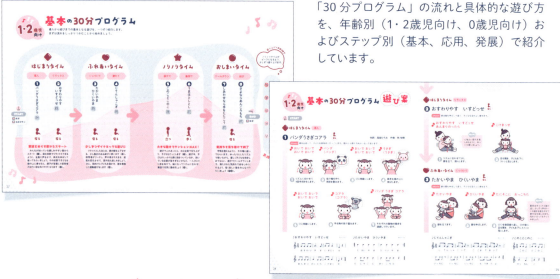

「30 分プログラム」の流れと具体的な遊び方を、年齢別（1・2 歳児向け、0 歳児向け）およびステップ別（基本、応用、発展）で紹介しています。

もっと楽しもう！
入れ替え遊びプラン集

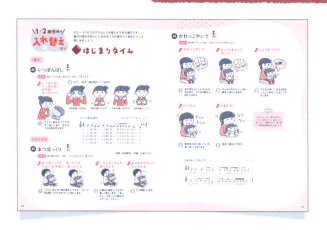

参加者の人数や参加回数に合わせたり、さらに盛り上げたりするためのバリエーションとして、「30 分プログラム」の入れ替え遊びを収録しています。自由にアレンジして、楽しく展開してください。

第1章

子育て支援の親子遊び

基本のき

子育て支援の時間を有意義にするためにも、
親子にリラックスして遊びを楽しんでもらうためにも、
事前準備は欠かせません。
親子遊びを行うための基本を見てみましょう。

30分プログラムがスムーズになる
遊びの準備と進め方

POINT プログラムの準備・手順

☑ 遊びを選ぶ

プログラムで行う遊びは、参加者の年齢や人数、興味や参加回数、また保育者の好みや習熟度などに合わせて、選び、組み合わせます。本書掲載のプログラムをそのまま使うのはもちろん、「入れ替え遊び」を足したり入れ替えたり、別の遊びを加えたりと、オリジナルのプログラムを作ってください。アレンジを加えるときは76ページの「親子遊びプログラム 計画シート」を活用しましょう。

☑ 当日の流れを考える

参加者の人数や、遊びを行う場所、また時間配分などを考え、シミュレーションしておきましょう。複数人で担当する場合には、事前の打ち合わせをていねいに行います。遊びに使用する物の準備も忘れずに。

☑ 役割分担を決めておく

親子遊びは、1人ではなく複数の保育者で行うと、より細やかに対応でき、遊びを盛り上げることができます。その場合は、中心になって遊びを進める「リーダー」と、リーダーのサポートを行う「サブリーダー」を決めておきましょう。それぞれの役割については、16ページで紹介しています。

☑ 遊びに応じた言葉かけと配慮を

● ふれあいをサポートする言葉を

親子で向かい合うときは「目と目を合わせて」、体に触るときは「優しいタッチで」など、子どもが安心し、心身でふれあえる言葉かけをしましょう。

● 遊び歌を楽しむには

歌はゆっくりしたリズムで始めると、参加者が遊びを覚えやすくなります。だんだん速くしたり、リズムを変えたりして遊んでも楽しめます。

● 「無理しないでいいよ」

子どもによっては、遊ぶ体勢や触られることを嫌がる場合もあります。その場合は、無理をしなくてよいことを伝えましょう。

● 安全への配慮も忘れずに

おんぶやだっこ、歩いたりするときは、「足を少し開いて体を安定させて」「子どもを揺らしすぎないように」「参加者同士ぶつからないように」など、安全を常に意識し、必要に応じて伝えていきましょう。

☑ 子どもの様子は常にチェック

準備した遊びに子どもが興味を示し、喜んでいるようなら、予定より回数を増やして楽しんでもいいでしょう。反対に、興味を示さないようなら、切り替えることも大切です。参加者が落ち着いて集中できているかどうか、表情を確かめながら進めましょう。

参加者に信頼される
身だしなみと振る舞い

POINT 身だしなみをチェック！

☑ 清潔感と安心感を意識して

☑ 髪型
目に髪がかからないようにしましょう。長いときは束ねるなど工夫しましょう。

☑ 爪
伸ばしているのはNGです。子どもの柔らかな肌に触れることを意識しましょう。

☑ エプロン
デザインや色は、シンプルで派手すぎないものにしましょう。子どもの意識がそれないように、キャラクターものも避けて。動きやすい服装であれば、特にエプロンをつけなくてもOKです。

☑ メイク
清潔感があるナチュラルメイクで、表情がよく見えるようにしましょう。

☑ 表情
口角が上がった明るい表情を心がけて。鏡で自分の表情をチェックしてみましょう。

☑ アクセサリー
子どもの思わぬけがや誤飲につながることも。あらかじめ外しておきましょう。

POINT 親子が安心する振る舞いとは？

☑ 明るく優しく温かに

緊張感いっぱいの参加者の気持ちを和らげるためにも、明るい笑顔で接することが大切です。「おはようございます」「こんにちは」と、優しく声をかけましょう。

初めて参加する親子には、「よく来てくれましたね。ありがとう」という温かな眼差しで迎え入れましょう。

☑ 声も大切です

声の大きさやトーン、話す速さは、とても重要です。明るく聞き取りやすい話し方を心がけましょう。大声で抑揚のない声は、怒っているように感じられたり、ずっと聞いていると疲れてしまったりします。反対に、ぼそぼそとした小さな声は、聞き取りにくく、内容が理解しづらくなることも。参加者の集中力が欠けてしまうことがあるので注意しましょう。

☑ 自分自身が楽しみましょう

参加者を楽しませることも重要ですが、まずは自分自身が楽しいと感じることが大切です。楽しく朗らかに進めていきましょう。

参加者が静かな雰囲気のときには、落ち着いた静かなスタート、元気いっぱいな雰囲気のときには、明るくテンポよくスタートなど、親子の気持ちに寄り添うと、場も盛り上がります。

親子がリラックスして遊びを楽しめる

室内の 環境と 場(空間)

☑ 室内には物を置かず できるだけシンプルに

子どもの気が散らないように、大型遊具は部屋から運び出すか、白いシーツなどでおおいます。おもちゃや絵本の棚は、できれば正面を壁のほうに向けておくとよいでしょう。

☑ 親子が居心地よい 空間に

ゆったりと過ごせて、座る遊びにも無理がないように、床にはカーペットを敷くとよいでしょう。明るさは自然光が一番ですが、暗い場合は電気をつけて。遊んで動くと暑くなるので、室温調整も忘れずに。眠くなった子どもを寝かせる場所も決めておき、座布団や布団を用意しておきます。

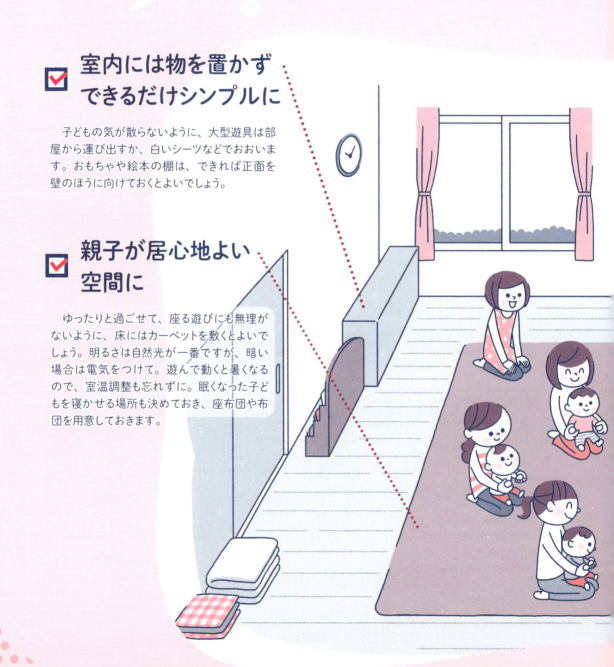

の設定

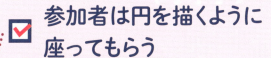

☑ **参加者は円を描くように座ってもらう**

参加者の荷物置き場はわかりやすく示し、携帯電話はバッグに入れておくよう案内します。開始時間になったら、保育者の正面に、円または弧を描くように座ってもらいます。遊びの輪は、大きすぎない方が盛り上がるので、広がりすぎないよう声をかけます。遠慮や緊張から遠くに座っていたり、座る場所がわからず戸惑っていたりする親子がいたら、優しく声をかけて適切な場所を知らせましょう。

☑ **保育者は立ち位置にも配慮を**

入り口から離れる

親子遊びをリードする保育者（リーダー）の位置は、入り口から離れたところがよいでしょう。遅れて来た参加者がいても、流れを止めることなく進められます。

窓の前は避ける

逆光でリーダーの表情が見えなくなったり、外の景色に子どもの注意が向いたりしないよう、窓の前は避けましょう。

補助の保育者

補助の保育者（サブリーダー）は遊びの輪の後方にスタンバイします。

☑ **便利アイテムで遊びをスムーズに**

赤ちゃん人形

子どもの体勢をわかりやすく伝えられます。

時計

時計が目に入る位置に立つ、見やすい場所に置くなどして、時間配分には常に注意を。

ピンマイク・スピーカー

部屋が広すぎる、参加者が多いなどの場合でも、声を張り上げて子どもを驚かさないよう、準備しておくと便利。

親子遊び
Q & A 1

Q 親子遊びの司会や運営を担当する「リーダー」になりました。どんなことに気をつけたらいいですか。

A 　始まる前に、参加者の構成と遊びの流れを再確認しましょう。参加者の人数、性別、年齢を把握し、遊びが合っているかどうかチェックします。数人のチームで担当する場合には、内容を共有しておきましょう。自分の構成した遊びを他の担当者と共有し、歌詞やテンポなどを伝えておきます。
　プログラムがスタートしたら、早口にならないよう明るい声で親子に話しかけ、楽しい雰囲気づくりをしましょう。

Q リーダーをサポートする「サブリーダー」にはどんな役割があるのでしょう。

A リーダーが集中してスムーズに進められるよう、サポートします。リーダーより目立たないようにすることが大切です。

● 兄弟で参加している場合は、どちらかの子とペアになって、親子が一対一で関われるように手助けします。できれば、なかなか甘えられない上の子が親と関われるように、配慮できるとよいですね。

● 参加者が戸惑わないように、リーダーより大きな声を出さないように気をつけます。歌うときも、リーダーの声の高さや早さに合わせるようにします。

● 親子がリーダーの動きに集中できるように、リーダーの隣には並ばず、親子の後ろに座ります。全体を見守りながら、個別対応が必要な親子を援助しましょう。

● 道具を使う場合は、リーダーがスムーズに動けるように手渡すなど、流れが途切れないよう配慮を。

第 2 章

始めよう！子育て支援の 親子遊び 30分 プログラム

いよいよ、親子遊びのスタートです。
「親子遊び 30 分プログラム」の考え方と、
そのまま使える楽しい 30 分プログラムを
遊び案とともに紹介します。

流れを作って、親子遊びを楽しく有意義に！
～親子遊び 30 分プログラムの作り方～

プログラムの長さは 30 分を目安に

親子がふれあって遊ぶことで、信頼関係や愛着を育む親子遊び。子育て支援では、家庭での遊び方がわからない親子に遊び方を伝えるとともに、遊びを通して心身の開放感と満足感を味わえる場にしたいですね。

子育て支援で行う親子遊びプログラムは、子どもの集中力が途切れないように 30 分間を目安とするとよいでしょう。時にテンポよく、時にゆっくりと無理なく楽しめるように親子の心の動きに合わせて、プログラムを進めていきます。30 分プログラムをまとめ、盛り上げていく一連の流れについては、以下に説明するように起承転結をイメージして、実践していきましょう。

4 つのブロックで 起承転結の流れを作る

30 分プログラムでは、「はじまりタイム」「ふれあいタイム」「ノリノリタイム」「おしまいタイム」の 4 つのブロックで流れを作っています。

「はじまりタイム」は、保育者と参加者親子との信頼関係を作り、スムーズに遊びに入れるようにする時間です。親しみやすい歌などで導入を行い、ゆったりとプログラムを始めます。次に、子どもが親の膝に座るなどリラックスできる遊びに誘っていきましょう。

「ふれあいタイム」は、親子でスキンシップを楽しむ時間です。まずは親子でくっついて、

	ブロック	ねらい	遊びの目的	遊びのタイプ
起	はじまりタイム	導入	プログラムをゆるやかにスタートする	親が子どもにやって見せたり、少し触れたりする。
		リラックス	場に慣れてもらう	親が子どもを体に乗せて、ゆったり遊ぶ。
承	ふれあいタイム	くっついて	スキンシップ＆子どもの安心	親が子どもを体に乗せて「リラックス」よりも大きめな動きで遊ぶ。
		離れて	安心した子どもとのふれあい遊び	子どもを親と向かい合って座らせたり寝かせたりする。
転	ノリノリタイム	親子で	大きな動きでダイナミックに遊ぶ	立ち上がり、親子単位でその場で遊ぶ。
		集団で	場全体を盛り上げる	参加者みんなで歩いたり動いたり近づいたりする。
結	おしまいタイム	クールダウン	ゆったり落ち着かせる	座って、ゆったりとしたペースで遊ぶ。
		結び	しめくくり＆終わりの挨拶へつなげる	「さようなら」をテーマにしてゆったりと遊ぶ。

対象年齢
1・2歳児向けと、0歳児向けに分けて記載しています。

プログラム
1回のプログラムの流れを、基本、応用、発展に分けて掲載しています。

盛り上がりウェーブ
子どもの気持ちや場の雰囲気を盛り上げる際のイメージを表しています。「ノリノリタイム」をピークにするとよいでしょう。

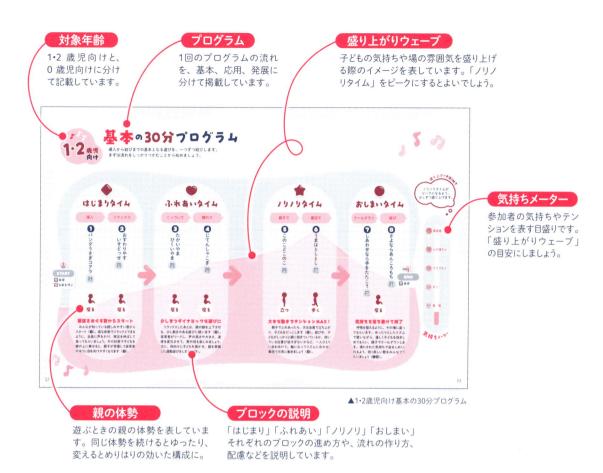

気持ちメーター
参加者の気持ちやテンションを表す目盛りです。「盛り上がりウェーブ」の目安にしましょう。

親の体勢
遊ぶときの親の体勢を表しています。同じ体勢を続けるとゆったり、変えるとめりはりの効いた構成に。

ブロックの説明
「はじまり」「ふれあい」「ノリノリ」「おしまい」それぞれのブロックの進め方や、流れの作り方、配慮などを説明しています。

▲1・2歳児向け基本の30分プログラム

左右に揺らすなど、はじまりタイムより少し大きな動きで遊びます。子どものワクワク感を引き出したら、向かい合うなど、親子の体が少し離れてふれあう遊びを体験してもらいましょう。

「ノリノリタイム」は、遊びも気持ちも最高潮に盛り上がる時間です。座った体勢ばかりで参加者が飽きてしまわないよう、立ち上がって、揺れたり歩いたり弾んだりして、体の動きを大きくしていきます。親子で遊んだら、参加者同士の交流もできるよう、輪になって歩くなど集団での遊びも取り入れます。

「おしまいタイム」は、高揚した気持ちをゆっくりと落ち着かせ、プログラムを締めくくる時間です。再び座り、ゆったりとした手遊びなどでクールダウンさせていきます。子どもをなでたり抱きしめたりしてもらいながら、遊んだことを振り返っていきましょう。できたかどうかの評価ではなく、わが子への愛情を再確認してもらい、次回への期待を感じてもらいながら、結びにつなげます。

最初は「基本のプログラム」からチャレンジ

　流れをつかんだら、具体的なプログラムに取り組みましょう。本書では、1・2歳児向け、0歳児向けそれぞれに基本、応用、発展と3パターンずつ、そのまま取り組める30分プログラムを紹介しています。最初はそれらから行うとよいでしょう。

　「基本の30分プログラム」は、30分プログラムを初めて実践する保育者向けのプログラムです。遊びの数を最小限にしてありますので、一つひとつにじっくり取り組みながら、30分間の流れをつかむことを目指せます。

　「応用の30分プログラム」は、基本のプログラムに遊びを加え、より充実させた内容です。遊びが途切れてしまわないように注意しながら、自然な流れのなかで、親子が楽しめる30分間にしましょう。

　「発展の30分プログラム」は、親子遊び自体や30分プログラムの経験が豊富な保育者向けの構成です。遊びの数が多い分、参加者の気持ちの盛り上げが細やかにできたり、親子の興味や関心に合わせた遊びを盛り込みやすいという利点があります。継続参加している親子が多いときは、導入より集団遊びの時間をたっぷりとるなど、参加者に合わせた時間配分をしましょう。

▲1・2歳児向け応用の30分プログラム

▼1・2歳児向け発展の30分プログラム

30分プログラムは
アレンジ自在!

　アレンジをしやすい点も、30分プログラムの魅力です。参加者の人数や性別、子どもの月齢、親子の状況などを把握し、季節や継続参加者の割合なども考慮しながら、遊びを足したり、入れ替えたりしましょう。

　本書では、第3章で入れ替えができる遊びを紹介しています。ブロックやねらいごとにまとめ、プログラム中で入れ替えたり加えたりしやすい箇所が、すぐ分かるようになっています。もちろん、本書にない遊びや歌も、どんどん取り入れてください。保育者が得意なことや個性を生かして楽しく遊びをリードすることで、30分プログラムも充実していくのです。

▲0歳児向け入れ替え遊び　はじまりタイム

基本の30分プログラム

1・2歳児向け

導入から結びまでの基本となる遊びを、一つずつ紹介します。
まずは流れをしっかりつかむことから始めましょう。

はじまりタイム

| 導入 | リラックス |

❶ パンダうさぎコアラ
24ページ

❷ おすわりやすいすどっせ
25ページ

0分

START
- ☑ 挨拶
- ☑ 名前を呼ぶ

座る　座る

緊張をほぐす歌からスタート

みんなが知っている親しみやすい歌からスタート（❶）。楽な体勢でリラックスできるように、全員に声をかけ、両足を伸ばして座ってもらいましょう。その状態で子どもを膝の上に乗せると、親子が密着して保育者のほうに目を向けやすくなります（❷）。

ふれあいタイム

| くっついて | 離れて |

❸ たかいやまひくいやま
25ページ

❹ じてんしゃこぎ
26ページ

座る　座る

少しずつダイナミックな遊びに

リラックスしたあとは、親の膝を上下させる、少し動きのある遊びに誘います（❸）。保育者がリードし、声の高さや大きさ、速度を変化させて、意外性も楽しみましょう。次に、仰向けに子どもを寝かせ、膝を意識した運動遊びをします（❹）。

盛り上げのPOINT

ノリノリタイムが
ピークになるよう、
少しずつ盛り上げます。

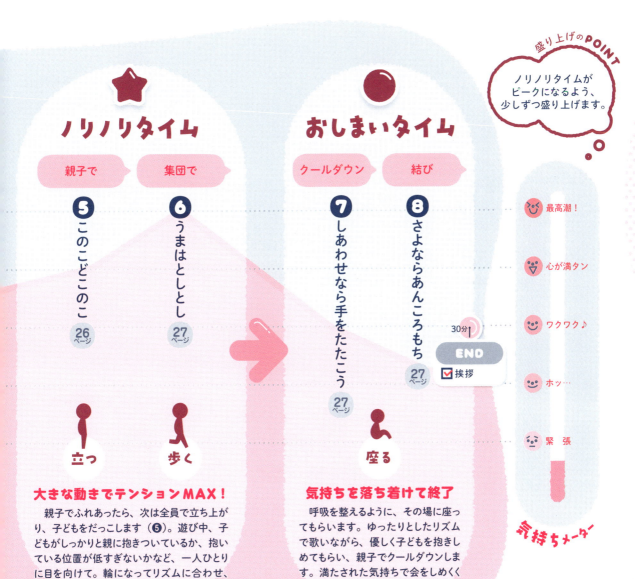

ノリノリタイム

親子で **集団で**

5 このこどこのこ
26ページ

6 うまはとしとし
27ページ

立つ　歩く

大きな動きでテンションMAX！

　親子でふれあったら、次は全員で立ち上がり、子どもをだっこします（**5**）。遊び中、子どもがしっかりと親に抱きついているか、抱いている位置が低すぎないかなど、一人ひとりに目を向けて。輪になってリズムに合わせ、集団で元気に動きましょう（**6**）。

おしまいタイム

クールダウン **結び**

7 しあわせなら手をたたこう
27ページ

8 さよならあんころもち
27ページ

30分
END
☑挨拶

座る

気持ちを落ち着けて終了

　呼吸を整えるように、その場に座ってもらいます。ゆったりとしたリズムで歌いながら、優しく子どもを抱きしめてもらい、親子でクールダウンします。満たされた気持ちで会をしめくくれるよう、短く楽しい歌をみんなでうたいましょう（**7 8**）。

最高潮！
心が満タン
ワクワク♪
ホッ…
緊張

気持ちメーター

↓ 0分 **START**

◆ **はじまりタイム** 導入

① **パンダうさぎコアラ** 座る

作詞：高田ひろお　作曲：乾 裕樹

スタンバイ 親は正座して、子どもを前向きにだっこします。慣れたら親子で向かい合って座ります。

♪おいで おいで
おいで おいで

① リズムに合わせて
4回手招きをします。

♪パンダ
（パンダ）

② 指で輪を作り、
両目を囲みます。

♪おいで おいで
おいで おいで

③ ①と同様にします。

♪うさぎ
（うさぎ）

④ 両手を頭の上に
伸ばします。

♪おいで おいで
おいで おいで

⑤ ①と同様にします。

♪コアラ
（コアラ）

⑥ 手を胸の前で重ねます。

♪パンダ うさぎ コアラ

⑦ それぞれの動物の動きを
連続して行います。

♪おすわりやす　いすどっせ　わらべうた

おすわり や す いすどっ せ

あんまり のっ たら こけまっ せ

♪たかいやま　ひくいやま　わらべうた

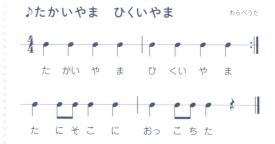

た か い や ま ひ く い や ま

た に そこ に おっ こ ち た

24

◆ はじまり**タイム** リラックス

❷ おすわりやす　いすどっせ　座る

スタンバイ 親は膝を伸ばして座り、子どもを足の上に乗せます。

♪ おすわりやす　いすどっせ
　あんまりのったら

POINT
心地よい揺れを楽しめるように、ゆっくりと歌いましょう。

❶ リズムに合わせて少し膝を立て、揺らします。

♪ こけまっせ

❷ 足を開き、子どもを下にストンと落とします。

♥ ふれあい**タイム** くっついて

❸ たかいやま　ひくいやま　座る

スタンバイ 親は膝を伸ばして座り、子どもを足の上に乗せます。

♪ たかいやま

❶ 膝を立てます。

♪ ひくいやま

❷ 膝を伸ばします。

♪ たにそこに　おっこちた

POINT
最初はゆっくりと繰り返し、少しずつ声のトーンや速さを変化させて意外性を楽しみます。向かい合ってもやってみましょう。

❸ ❶❷を数回繰り返し、❶の後に足を開き、子どもを下にストンと落とします。

♪じてんしゃこぎ　　わらべうた

♪このこどこのこ　　わらべうた

❤ **ふれあいタイム** 離れて

④ じてんしゃこぎ 座る

スタンバイ 正座した親の前に、子どもを仰向けに寝かせます。

♪ じてんしゃこいで
ここまでおいで
いっちに　いっちに
いっちに
もうきたよ

① 両足の膝下を持ち、自転車をこぐように交互に曲げます。

ぎゅ〜

② 「ぎゅ〜」と声をかけながら、両膝をゆっくりと曲げます。

★ **ノリノリタイム** 親子で

⑤ このこどこのこ 立つ

スタンバイ 親は子どもを抱き、体が安定するように肩幅程度に足を開きます。

♪ このこどこのこ　かっちんこ

膝やかかとでリズムを取りながら歌い、
時計の振り子のように子どもを揺すります。

POINT

慣れてきたら「このこ」の部分に
子どもの名前を入れ、語りかけるように歌ってもらいましょう。

うまはとしとし　　　　わらべうた

うま は と し と し ない て も つ よ い うま は
つ よ い から の り て さん も つ よ い ぱかっぱかっ

さよならあんころもち　　　　わらべうた

さ よ なら あん ころ も ち
ま た き な こ

⭐ ノリノリタイム 集団で

❻ うまはとしとし 歩く

スタンバイ 親が子どもをおんぶして、参加者みんなで輪になります。

POINT
子どもが親の肩にしっかりと抱きついているか、確認しましょう。

♪ うまはとしとし　ないてもつよい
　うまはつよいから　のりてさんも

① 適切な間隔をとりながら、歌って歩きます。

♪ つよい

② その場に止まります。

♪ ぱかっ　ぱかっ

③ 軽くジャンプして、子どもを上下に弾ませます。

🔴 おしまいタイム クールダウン

❼ しあわせなら手をたたこう 座る ♪

作詞：木村利人
曲：アメリカ民謡

♪ しあわせなら手をたたこう
　しあわせなら手をたたこう
　しあわせなら態度で示そうよ
　ほら　みんなで手をたたこう

POINT
2番以降は、「♪いい子いい子」となでたり、「♪ぎゅーっとしよう」と抱きしめたりとアレンジして、ふれあい遊びをします。

ゆったりとうたいながら、歌に合わせて手をたたきます。

🔴 おしまいタイム 結び

❽ さよならあんころもち 座る

POINT
もちの大きさを変えたり、親が子どもに食べさせるしぐさをしたりすると、楽しさ倍増です。

♪ さよならあんころもち
　またきなこ

① 両手のひらにもちをはさみ、ひっくり返すようなイメージで、丸める動作を繰り返します。

ぱく
ぱく

ぱくぱくぱく

② 歌い終わったら、食べるしぐさをします。

30分↑ END

応用の30分プログラム

1・2歳児向け

「基本の30分プログラム」に慣れてきたら、少し遊びを増やしてみましょう。
流れが細やかになると同時に、楽しさも増していきます。

はじまりタイム

導入　**リラックス**

❶ パンダうさぎコアラ
24ページ

❷ NEW グーチョキパーでなにつくろう
30ページ

❸ おすわりやすいすどっせ
25ページ

| 0分

START
☑ 挨拶
☑ 名前を呼ぶ

座る　座る

体と心を緩めながらスタート

緊張をほぐすため、慣れ親しんだ歌をうたって楽しくスタート。腕を使った大きな動き（❶）と指先を使った動き（❷）ができる歌を組み合わせてみましょう。次に親に両足を伸ばすように声をかけて体勢でもリラックスしてもらい、親の膝の上からストンと落ちる瞬間を楽しみます（❸）。

ふれあいタイム

くっついて　**離れて**

❹ たかいやまひくいやま
25ページ

❺ NEW せんぞうやまんぞう
31ページ

❻ じてんしゃこぎ
26ページ

❼ NEW きゅうりができた
32ページ

座る　座る

少しずつ体を大きく動かそう

親の膝を使って大きく上下に動いたり（❹）、向かい合って両手をつなぎ、腹筋を使う運動遊びにチャレンジしたりしましょう（❺）。次に、仰向けに子どもを寝かせ、膝を意識した運動（❻）をしたら、ふれあいを十分に楽しみましょう（❼）。

盛り上げのPOINT

遊びの数が増えた分、気持ちの盛り上がり曲線もなめらかになります。

ノリノリタイム

親子で	集団で

❽
このこどこのこ

立つ
26ページ

NEW
❾
おんまさんのおけいこ

歩く
33ページ

❿
うまはとしとし
27ページ

 立つ　 歩く

だっこやおんぶで気分は HAPPY

親子で向かい合って過ごしたあとは　集団で元気に遊ぶ時間に。全員で立ち上がり、だっこをして揺すったり（❽）リズムに合わせて元気に歩いたりします（❾）。続いて、おんぶをして背中での揺れを楽しむことで（❿）、親子で気分はノリノリに。

おしまいタイム

クールダウン	結び

⓫
しあわせなら手をたたこう
27ページ

⓬
さよならあんころもち
27ページ

座る

30分
END
☑ 挨拶

ゆったりとした気分で終了

動いたあとは、呼吸を整えられるように座ってもらいます。⓫では足を踏み鳴らす、頬をさわるなどバリエーションを工夫し、保育者がリードして歌いながら親子でふれあえるように誘いかけ、クールダウンします。結びのわらべうたもみんなで楽しみましょう（⓬）。

 最高潮！

 心が満タン

 ワクワク♪

 ホッ…

 緊張

気持ちメーター

応用の30分プログラム

「基本の30分プログラム」と共通の遊びは24〜27ページに掲載しています。

| 0分 START

◆ **はじまりタイム** 導入

① パンダうさぎコアラ 24ページ

② グーチョキパーでなにつくろう（座る）

作詞：不詳　曲：フランス民謡

POINT 歌う前に、参加者とグー、チョキ、パーの形を確認しておきましょう。また、参加者と向かい合っているとき、保育者は左右反対の手を動かすようにします。

♪グーチョキパーで グーチョキパーで

① 歌に合わせ、両手でグーチョキパーを出します。

♪なにつくろう なにつくろう

② パーのまま手を左右に揺らします。

♪右手がチョキで 左手がチョキで

③ 右、左の順に手をチョキにします。

♪かにさん かにさん

④ チョキの手のまま頭の上に載せて、かにさんに。

♪右手がパーで 左手がパーで

⑤ 左右の手をパーにします。

♪ちょうちょ ちょうちょ

⑥ 上下に動かし、ちょうちょうに。

♪右手がグーで 左手がチョキで

⑦ 右手をグー、左手をチョキ。

♪かたつむり かたつむり

⑧ 組み合わせて、かたつむり。

❖ はじまりタイム リラックス

3 おすわりやす　いすどっせ 25ページ

❤ ふれあいタイム くっついて

4 たかいやま　ひくいやま 25ページ

5 せんぞうやまんぞう 座る

> **スタンバイ** 親子で向かい合って足を広げて座り、両手をつなぎます。開いた足の間に子どもの両足を挟むと楽です。

♪ せんぞうや　　　♪ まんぞう

♪ おふねは　ぎっちらこ
　ぎっちら　ぎっちら
　こげば　みなとがみえる
　えびすか　だいこくか
　こっちゃ　ふくのかみよ

POINT
子どもを前向きに膝に乗せ、手を取って船をこぐ動作をして遊ぶこともできます。

❶ 親が子どもの手を引っ張り、子どもは前に体を曲げます。

❷ 反対に、子どもが親の手を引っ張り、親は前に体を曲げます。

❸ 船をこぐように❶❷を交互に繰り返して遊びます。

♪ せんぞうやまんぞう　　　　　　　　わらべうた

せん　ぞう　や　まん　ぞう　　おふ　ねは　ぎっ　ちらこ　　ぎっ　ちらぎっ　ちら　こげ　ば

みな　とが　みえ　る　　えび　すか　だいこくか　　こっちゃ　ふくの　　かみ　よ

❤ ふれあいタイム 離れて

6 じてんしゃこぎ 26ページ

7 きゅうりができた ⬤座る

スタンバイ 子どもを仰向けに寝かせ、親は正座して子どもと目を合わせます。

♪ **きゅうりができた
〜さあたべよ**

① 両足をそろえて持ち、左右にゆっくり揺らします。

♪ **しおふってパッパパ
〜さあたべよ**

② 塩を振るように、子どもの体を優しくタッチ。

♪ **いたずりキュッキュキュ
〜さあたべよ**

POINT
手はしっかり添えて、フォローしましょう。

③ 子どもの背中と腰に手を添えて、左右に揺らします。

♪ **トントンきってね
〜さあたべよ**

④ 手を開いて指をそろえ、小指側で左右交互に足からトントンとマッサージ。

**おててぱっちん
「いただきます」**

いただきます!

⑤ 手を合わせて「いただきます」のしぐさをします。

**むしゃむしゃむしゃ
「ごちそうさま」**

むしゃむしゃむしゃ

⑥ 子どもの体をこちょこちょとくすぐりながら食べるしぐさをして、最後に手を合わせ「ごちそうさま」のしぐさをします。

⭐ **ノリノリタイム** 親子で

8 このこどこのこ 26ページ

♪きゅうりができた　　　作詞：不詳　作曲：外国曲

1. きゅうりが　　できた　　きゅうりが　　できた
2. しおふって　　パッパパ　　しおふって　　パッパパ
3. いたずり　　キュッキュキュ　　いたずり　　キュッキュキュ
4. トントン　　きってね　　トントン　　きってね

きゅうりが　　できた　　さあ　たべ　よ
しおふって　　パッパパ　　さあ　たべ　よ
いたずり　　キュッキュキュ　　さあ　たべ　よ
トントン　　きってね　　さあ　たべ　よ

 ★ ノリノリタイム 集団で

❾ おんまさんのおけいこ 歩く

スタンバイ 親は子どもをだっこまたはおんぶして、参加者みんなで輪になります。

POINT
何度も繰り返すことで、子どもは「次に来るぞ…」と期待します。子どもの表情をよく見るよう声をかけましょう。

♪ おんまさんのおけいこ

❶ 歌いながら歩きます。

♪ いちにで

❷ 両足をそろえて止まります。

♪ さん

❸ 膝をカクンと曲げて、子どものお尻を少し落とすようにします。

♪おんまさんのおけいこ　　わらべうた

おん まさん の おけい こ いちに で さん

❿ うまはとしとし 27ページ

● おしまいタイム クールダウン

⓫ しあわせなら手をたたこう 27ページ

● おしまいタイム 結び

⓬ さよならあんころもち 27ページ

30分 END

発展の30分プログラム

1・2歳児向け

プログラムの展開に慣れたら、さらに遊びを増やして心ゆくまで遊び込みましょう。盛りだくさんの遊びを楽しめます。

はじまりタイム

導入 → **リラックス**

1 パンダうさぎコアラ
24ページ

2 グーチョキパーでなにつくろう
30ページ

3 NEW あたまかたひざポン
36ページ

4 おすわりやす いすどっせ
25ページ

5 NEW いもむしごろごろ
37ページ

|
0分

START
☑ 挨拶
☑ 名前を呼ぶ

座る　座る

緊張がほどける曲からスタート

緊張した親子が安心できるような親しみやすい手遊び（**1** **2**）や、体を使ったリズム遊び（**3**）からスタート。最初はゆっくりしたテンポでリードします。次に、親に両足を伸ばしてもらい、リラックスした状態で膝乗せ遊びをします（**4**）。そして、みんなでうたいながら子どもの体を横に揺らし、親子でゆったりとした動きを楽しみます（**5**）。

ふれあいタイム

くっついて → **離れて**

6 たかいやま ひくいやま
25ページ

7 NEW やまからころころ
37ページ

8 せんぞうやまんぞう
31ページ

9 じてんしゃこぎ
26ページ

10 きゅうりができた
32ページ

11 NEW はりにいとを
38ページ

座る　座る

少しずつ体の動きを意識して

親の膝を使った遊び（**6**）のあとは、前後移動を楽しみます（**7**）。向かい合って舟をこぐ運動（**8**）をするときには、背中を床につけるよう声をかけましょう。次に、仰向けに子どもを寝かせて、膝の曲げ伸ばし（**9**）や、全身を刺激する遊び（**10** **11**）をします。子どもが心地よいように、指先や手のひら全体で優しくふれましょう。

盛り上げのPOINT

盛り上がったあとは、クールダウンも重要。会の終わりがスムーズになります。

ノリノリタイム

親子で　　**集団で**

⑫
このこどこのこ
26ページ

NEW ⑬
そらまでそらまで とんでいけ
39ページ

⑭
おんまさんのおけいこ
33ページ

⑮
うまはとしとし
27ページ

NEW ⑯
どんどんばしわたれ
39ページ

立つ　　歩く

みんなで元気いっぱいノリノリで！

　ゆったりふれあったあとは、集団遊びです。全員立ち上がってだっこを楽しんだ（⑫）あとは、しゃがんだ体勢から子どもを親の頭上まで持ち上げ（⑬）、ワクワク気分に。だっこやおんぶで、親の体にしっかり抱きついて遊んだら（⑭⑮）、大布を使ったトンネルくぐりをして、親子で元気に歩いて最高潮（⑯）！

おしまいタイム

クールダウン　　**結び**

⑰
しあわせなら手をたたこう
27ページ

⑱
さよならあんころもち
27ページ

座る

30分
END
☑ 挨拶

満足した気持ちで穏やかに終了

　元気に動いたあとは、静かにその場に座るよう声をかけます。呼吸を整えるために、歌に合わせて子どもを抱きしめてもらいます。ぬくもりの余韻をもたせたまま、ゆったりクールダウンしましょう（⑰⑱）。満足感を味わいながら、落ち着いた雰囲気のなかで終了します。

　最高潮！

　心が満タン

　ワクワク♪

　ホッ…

　緊張

気持ちメーター

 **1・2歳児向け** **発展の30分プログラム**  **遊び案**

「基本の30分プログラム」「応用の30分プログラム」と共通の遊びは24〜27、30〜33ページに掲載しています。

0分 **START**

🔻 **はじまりタイム** 導入

❶ パンダうさぎコアラ 24ページ

❷ グーチョキパーでなにつくろう 30ページ

❸ あたまかたひざ ポン 座る

作詞：小倉和人　曲：イギリス民謡

スタンバイ 親は正座し、子どもを前向きに乗せます。

♪あたま　かた　ひざ　ポン
　ひざ　ポン　ひざ　ポン
　あたま　かた　ひざ　ポン

♪手は

♪おへそ

POINT
歌う前には保育者が体の部位を言い、親が子どもにふれてもらってからスタートします。

① 歌に合わせて両手で子どもの頭、肩、膝をたたき、「ポン」のところで手を1回たたきます。

② 両手で「ちょうだい」のしぐさをして静止し、次の動きを期待して待ちます。

③ 両手でおなかを触って、こちょこちょくすぐります。

POINT
部位を変えて、おしりをくすぐったり、まゆげや耳などを優しくふれたりして楽しみましょう。慣れてきたら向かい合っても遊べます。

🔻 **はじまりタイム** リラックス

❹ おすわりやす　いすどっせ 25ページ

⑤ いもむしごろごろ 座る

スタンバイ 親は足を伸ばして座り、子どもを膝に乗せます。

♪ いもむしごろごろ
ひょうたん

♪ ぽっくりこ

♪いもむしごろごろ　　わらべうた

❶ 歌に合わせてゆっくりと
体を横に揺らします。

❷ ひざを1回軽く曲げ伸ばしして
子どものお尻を弾ませます。

POINT 子どもの両脇を支えて、少し
持ち上げても楽しめます。

❤ ふれあいタイム　くっついて

⑥ たかいやま　ひくいやま 25ページ

⑦ やまからころころ 座る

スタンバイ 親は足を伸ばして座り、子どもを乗せます。

♪ やまからころころ
やまいも

♪ さとからころころ
さといも

♪やまからころころ　　わらべうた

❶ お尻歩きで、
ゆっくり前に進みます。

❷ お尻歩きで、
ゆっくり後ろに戻ります。

POINT 産後に気になりがちな、
骨盤のゆがみ改善も期
待できる遊びです。

❤ **ふれあいタイム** 離れて

スタンバイ 子どもを仰向けに寝かせ、親は正座します。

♪ **はりにいと とおして**

① 片手で作った針の穴に、反対の手の人さし指（糸）をゆっくり入れます。

♪ **チクチクチクチク チクチクと**

② 両手の人さし指で、交互に体をタッチします。

♪ **ぬったらぞうきん できあがり**

③ 子どもの脇腹から足まで、ゆっくり4回なでます。

♪ **あらって　しぼって**

④ 足を2回交差させます。

♪ **ふきそうじ**

⑤ 子どもの足を曲げて押し出し、体を床に滑らせます。

♪はりにいとを　　わらべうた

は　り　に　い　と　　とおし　て

チクチク　チクチク　チクチク　と

ぬった　ら　ぞう　きん　できあが　り

あらっ　て　しぼっ　て　ふきそう　じ

★ **ノリノリタイム** 親子で

⑬ そらまでそらまで　とんでいけ 立つ

♪ そらまでそらまで　とんでいけ

POINT
親も子も、膝を曲げてしっかりしゃがむよう声をかけましょう。

1 子どもの胴体を持ってしゃがみ、リズムをとります。

5、4、3、
2、1、0（ゼロ）〜！

2 カウントダウンをしたら、「0〜」の合図で立ち上がり、子どもを持ち上げます。

★ **ノリノリタイム** 集団で

⑭ おんまさんのおけいこ 33ページ

⑮ うまはとしとし 27ページ

⑯ どんどんばしわたれ 歩く

スタンバイ 保育者が2人で大布を広げて持ち、腕を高く上げて「橋」を作ります。親は子をだっこしたり、手をつないだりします。

♪ どんどんばしわたれ　さあわたれ
　こんこがでるぞ

POINT
安全のため、輪になって一方向に回ります。

1 親子で布の下を次々にくぐっていきます。くぐり抜けたらまた元に戻ってくぐります。

♪ さあわたれ

POINT
布をかぶせたら、「いないいないばぁ」と布を上にあげて楽しむこともできます。

2 持ち手の2人は腕を下げて布で子どもを隠します。

● **おしまいタイム** クールダウン

⑰ しあわせなら手をたたこう 27ページ

● **おしまいタイム** 結び

⑱ さよならあんころもち 27ページ

30分 END

♪そらまでそらまで　とんでいけ
わらべうた

♪どんどんばしわたれ
わらべうた

基本の30分プログラム

0歳児向け

0歳児向けは、1・2歳児向けより穏やかな動きの遊びで構成します。流れを意識しながら、一つひとつの遊びをゆったり楽しみましょう。

◆ はじまりタイム

導入 ▶	リラックス ▶
❶ てんこてんこてんこてんこ	**❷** とんとんとん
42ページ	43ページ

0分

START
- ☑ 挨拶
- ☑ 名前を呼ぶ

座る　　座る

まねしやすい遊びからスタート

親子ともに緊張しがちなので、わかりやすくまねしやすいわらべうた遊び（**❶**）からスタート。子どもの表情を見ながら語りかけるように遊んでもらいましょう。次に、親もリラックスできるように両足を伸ばしてもらい、子どもを抱いてリズムに合わせ、軽く膝を動かします（**❷**）。

♥ ふれあいタイム

くっついて ▶	離れて ▶
❸ たかいやまひくいやま	**❹** のびのびのび
43ページ	44ページ

座る　　座る

少しずつ体を動かす遊びに

リラックスしたあとは、親の膝を使った動きを**❷**よりも大きくして、高さを意識した遊びに誘います（**❸**）。次に、子どもを仰向けに寝かせ、親の手のひらで頭から足までゆっくりとなでます。声をかけながら、全身を優しくマッサージしましょう（**❹**）。

盛り上げの **POINT**

後半を盛り上げるには、最初に緊張をしっかりほぐすことがポイント。

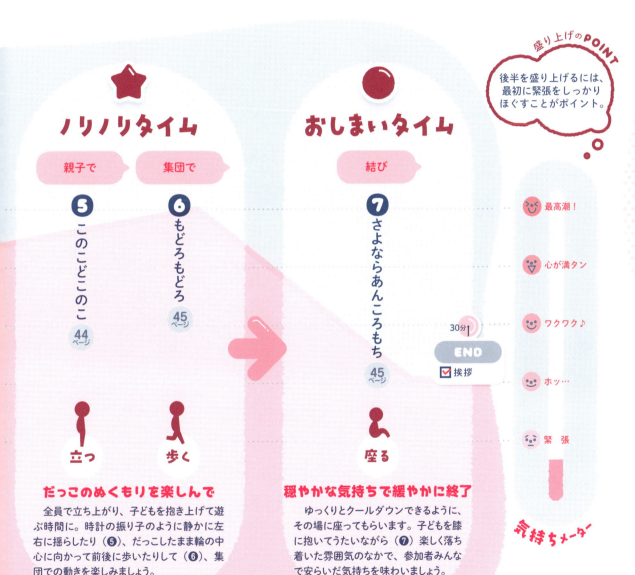

ノリノリタイム

親子で　　集団で

5 このこどこのこ
44ページ

6 もどろもどろ
45ページ

立つ　　歩く

だっこのぬくもりを楽しんで

全員で立ち上がり、子どもを抱き上げて遊ぶ時間に。時計の振り子のように静かに左右に揺らしたり（**5**）、だっこしたまま輪の中心に向かって前後に歩いたりして（**6**）、集団での動きを楽しみましょう。

おしまいタイム

結び

7 さよならあんころもち
45ページ

30分

END
☑ 挨拶

座る

穏やかな気持ちで緩やかに終了

ゆっくりとクールダウンできるように、その場に座ってもらいます。子どもを膝に抱いてうたいながら（**7**）楽しく落ち着いた雰囲気のなかで、参加者みんなで安らいだ気持ちを味わいましょう。

最高潮！
心が満タン
ワクワク♪
ホッ…
緊張

気持ちメーター

0分 **START**

🏷 **はじまりタイム** 導入

1 てんこてんこてんこ 🧎 座る

スタンバイ 子どもを仰向けに寝かせ、親は正座して子どもと目を合わせます。

♪ **てんこてんこてんこ**

POINT

仰向けを嫌がる子は、向かい合って膝に乗せてもOKです。

① 親は顔の横で手のひらを見せ、でんでん太鼓を振るように手首をゆっくり返しながら優しくあやします。

② 何度か繰り返したら、右手だけでなく左手でもやってみましょう。

♪ **てんこてんこてんこ** わらべうた

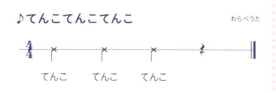

てんこ　てんこ　てんこ

♪ **とんとんとん** わらべうた

とん　とん　とん

◆ はじまりタイム リラックス

❷ とんとんとん 座る

> スタンバイ 親は膝を伸ばして座り、子どもを足の上に乗せます。

♪ とんとんとん

POINT
あまり激しく揺らさないように声をかけましょう。

① 膝を上下に「とんとんとん」と3回軽く上下させて、子どもを弾ませます。

② 数回繰り返し、少し速いテンポにしたり「とととととん」とリズムを変化させたりします。

♥ ふれあいタイム くっついて

❸ たかいやま　ひくいやま 座る

> スタンバイ 親は膝を伸ばして座り、子どもを膝頭の上に乗せます。

♪ たかいやま

POINT
最初はゆっくりと繰り返し、少しずつ声のトーンや速さを変化させて意外性を楽しみます。

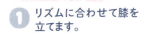

① リズムに合わせて膝を立てます。

♪ ひくいやま

② 膝を伸ばします。

♪ たにそこに　おっこちた

③ ①②を数回繰り返したあと、足を開き、子どもを下に軽く落とします。

♪ たかいやま　ひくいやま　　　　わらべうた

た　か　い　や　ま　　ひ　く　い　や　ま　　た　に　そ　こ　に　　おっ　こ　ち　た

❤ ふれあいタイム 離れて

④ のびのびのび  座る

スタンバイ 子どもを仰向けに寝かせ、親は正座して子どもと目を合わせます。

のびのび　のびのび

1 頭から肩、胸、おなか、膝、足の先まで、両手をそろえて手のひらでゆっくりとなで、優しくマッサージします。

おおきくなーれ

2 ゆったりしたペースで、もう一度頭からなでます。

★ ノリノリタイム 親子で

⑤ このこどこのこ 立つ

スタンバイ 親は子どもを抱き、体が安定するように肩幅程度に足を開きます。

♪ このこどこのこ　かっちんこ

POINT

慣れてきたら「このこ」の部分に子どもの名前を入れ、語りかけるように歌ってもらいましょう。

膝やかかとでリズムを取りながら歌い、時計の振り子のように子どもを揺らします。

♪このこどこのこ　　　　　　わらべうた

このこ　どこのこ　かっちん　こ

⭐ ノリノリタイム 集団で

⑥ もどろもどろ 歩く

スタンバイ 子どもの太ももの下に手を添えて抱き上げ、顔を見合わせられるように前向きにだっこして、輪になります。
（力を抜き、子どものお尻が親のおへそあたりの高さになるように、しっかりと抱きましょう）

♪ もどろもどろ
　もものは　もどろ

① 中央に向かって進み、小さな輪になります。

♪ かえろかえろ
　かきのは　かえろ

② ゆっくり後ろに下がり、大きな輪に戻ります。

POINT 小さな輪になったときに「こんにちは」と挨拶すると、親子同士の交流になります。

⚫ おしまいタイム 結び

⑦ さよならあんころもち 座る

♪ さよならあんころもち
　またきなこ

① もちを丸める動作をします。小さく始め、だんだん大きくしていきます。

ぱくぱくぱく

② 歌い終わったら、食べる動作をします。

30分 END

♪もどろもどろ　　　　　わらべうた

♪さよならあんころもち　　　わらべうた

0歳児向け 応用の30分プログラム

「基本」をふまえつつ、遊びを増やしたプログラムです。
親子が無理なく楽しめるよう、流れをしっかり意識して進めましょう。

はじまりタイム

| 導入 | | リラックス | |

❶ てんこてんこてんこ
42ページ

❷ にぎにぎにぎにぎ NEW
48ページ

❸ とんとんとん
43ページ

❹ どっちんかっちん NEW
49ページ

0分
START
☑ 挨拶
☑ 名前を呼ぶ

座る　座る

緊張をほぐすわらべうたからスタート

親子の緊張がほぐれるよう、覚えやすいわらべうた遊びからスタート。手の動きをゆっくり見せながら、親には笑顔で子どもと目を合わせてもらいます（❶❷）。次に、親がリラックスできるよう両足を伸ばしてもらい、子どもを抱きながらリズムや歌に合わせて膝を上下して遊びます（❸❹）。

ふれあいタイム

| くっついて | | 離れて | |

❺ たかいやまひくいやま
43ページ

❻ のびのびのび
44ページ

❼ まーる　ちょん NEW
50ページ

座る　座る

少しずつ大きな動きを楽しもう

緊張が緩んできたら、少しずつ大きな動きに誘いかけていきます。親が子どもの体をしっかり支え、安定した体勢を作ってから、保育者の声に合わせて上下運動を楽しみます（❺）。次に子どもを仰向けに寝かせて、親は正座して全身にふれ（❻）、子どもを座らせて、手や顔などをていねいに刺激していきます（❼）。

盛り上げのPOINT

遊びを進めるごとに、表情や声のトーンで少しずつ盛り上げて。

ノリノリタイム

親子で　　　集団で

⑧ このこどこのこ
44ページ

NEW
⑨ ゆすってゆすって
51ページ

⑩ もどろもどろ
45ページ

立つ　　　歩く

だっこで揺られて気分は HAPPY♪

ゆったりと遊んだあとは、子どもを抱いて立ち上がった状態で遊ぶ時間にしましょう。安定するだっこの位置を確認してから、歌に合わせ静かに子どもを揺らします。安らぎの揺らぎ（⑧）に加えて、リズミカルな大きな揺すり（⑨）も楽しみましょう。次に前向きにだっこして、参加者同士が顔を見合わせて近づいたり、離れたりしましょう（⑩）。

おしまいタイム

結び

⑪ さよならあんころもち
45ページ

30分
END
☑挨拶

座る

ゆったりと安らいだ気持ちで終了

静かにその場に座ってもらい、子どもをだっこしてゆっくり呼吸を整えましょう。保育者の声かけに合わせていっしょにわらべうた（⑪）で遊びながら、クールダウンします。

最高潮！

心が満タン

ワクワク♪

ホッ…

緊　張

気持ちメーター

応用の30分プログラム

「基本の30分プログラム」と共通の遊びは42〜45ページに掲載しています。

| 0分 | START |

 はじまりタイム 導入

❶ てんこてんこてんこ 42ページ

❷ にぎにぎにぎ 座る

スタンバイ 子どもを仰向けに寝かせ、親は正座して子どもと目を合わせます。

♪ **にぎにぎにぎ**

♪にぎにぎ〜

POINT

はじめはゆっくり。慣れてきたら少し速くしてみましょう。

親は顔の横で、片手を握ったり開いたりしながら「にぎにぎにぎ」とリズムをつけて語りかけます。

♪にぎにぎにぎ　　わらべうた

にぎ　にぎ　にぎ

はじまりタイム　リラックス

3 とんとんとん 43ページ

4 どっちんかっちん　座る

スタンバイ 親は膝を伸ばして座り、子どもを足の上に乗せます。

♪ どっちんかっちん　かじやのこ
　 はだかでとびだす　ふろやのこ

リズムに合わせて膝を軽く弾ませます。

POINT
言葉のおもしろさも味わえるように、明るい声ではっきりと発音し、テンポのいい言葉の響きやリズムを楽しみましょう。

POINT
速すぎると子どもがびっくりするので注意！

♪ **バリエーション** ♪

最初はゆっくり二分音符の速さで、慣れたら四分音符の速さで弾ませましょう。

♪どっちんかっちん　　　　わらべうた

どっちん　かっちん　かじやの　こ

はだかで　とびだす　ふろやの　こ

ふれあいタイム　くっついて

5 たかいやま　ひくいやま 43ページ

 ❤️ **ふれあいタイム** 離れて

6 のびのびのび ⁴⁴ページ

7 まーる　ちょん 座る

スタンバイ 親子で向かい合って座ります。

♪ **まーる**

POINT
頬やおでこ、お腹や足などにもやってみましょう。

♪ **ちょん**

① 親が子どもの手に、人さし指で優しく円を描きます。

② 指先で軽く「ちょん」と子どもにタッチします。

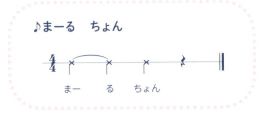

♪まーる　ちょん

まー　　る　　ちょん

⭐ **ノリノリタイム** 親子で

8 このこどこのこ ⁴⁴ページ

9 ゆすってゆすって 立つ

スタンバイ 子どもを抱いて立ち、肩幅程度に軽く足を開きます。

♪ ゆすって　ゆすって　ゆすらんめ
えべっさんになれよ

ぐるぐるぐる〜

1 歌いながら、子どもの体を大きく横に揺すります。

2 ゆっくりとその場で回転します。

POINT 揺れ幅や回転の速度は、親が子どもに合わせて調整するように言葉をかけましょう。

♪ゆすってゆすって　　　わらべうた

ゆすっ　て　ゆすっ　て　ゆすらんめ

えべっ　さんに　なれ　よ

★ ノリノリタイム 集団で

10 もどろもどろ 45ページ

● おしまいタイム 結び

11 さよならあんころもち 45ページ

30分 **END**

51

発展の30分プログラム

0歳児向け

遊びが盛りだくさんのプログラムは、ブロック中の流れを意識しつつも親子の表情をしっかり見ながら行いましょう。

はじまりタイム

導入

❶ てんこてんこてんこ
42ページ

❷ にぎにぎにぎにぎ
48ページ

❸ NEW いないいないばあ
54ページ

リラックス

❹ とんとんとん
43ページ

❺ どっちんかっちん
49ページ

0分

START
☑ 挨拶
☑ 名前を呼ぶ

座る　　座る

緊張をほどく語りかけからスタート

緊張した親子が場に慣れるよう、親しみやすい歌からスタート（❶❷）。ゆっくりと数回繰り返したあとは、表情の変化を楽しむ遊び（❸）に誘います。リラックスできるように両足を伸ばしてもらい、膝乗せ遊び（❹❺）をします。

ふれあいタイム

くっついて

❻ たかいやま ひくいやま
43ページ

❼ NEW ぎっこんばっこん
55ページ

離れて

❽ のびのびのび
44ページ

❾ まーる ちょん
50ページ

❿ NEW いちり にり さんり
56ページ

座る　　座る

少しずつ大きな動きを意識して

リラックスしたあとは、子どもを乗せた親の膝を大きく動かして遊びます（❻）。次に、膝を伸ばしたまま子どもを前向きに抱いて、上半身を動かします（❼）。仰向けに寝かせ、子どもと目を合わせながら全身をなでたり（❽）、指先でタッチしたり（❾）、お尻をくすぐったりして楽しみましょう（❿）。

盛り上げのPOINT
遊びが増えると「こなすだけ」になりがち。楽しい雰囲気作りも忘れないようにしましょう。

ノリノリタイム

親子で　集団で

⑪ このこどこのこ
44ページ

⑫ ゆすってゆすって
51ページ

NEW ⑬ おんまさんのおけいこ
56ページ

⑭ もどろもどろ
45ページ

NEW ⑮ うえからしたから
57ページ

立つ　歩く　座る

みんないっしょに笑ってノリノリ！

全員に立ち上がってもらい、子どもをだっこして揺すったり（⑪）、リズミカルな揺れを楽しんだり（⑫）、歩いたり（⑬）しましょう。さらにだっこしたまま輪の中心に向かって進んだり戻ったり（⑭）して、集団でノリノリに動きましょう。続いて、大きな布の下に全員で入り、布の動きや風を楽しみます（⑮）。

おしまいタイム

結び

⑯ さよなら　あんころもち
45ページ

座る

30分
END
☑ 挨拶

満足した気持ちで和やかに終了

たくさん動いたあとは、輪になって座り、ゆっくりと呼吸を整えましょう。子どもを抱いて背中をそっとさすってもよいでしょう。膝に乗せて、ゆっくりとしたリズムでうたいながら（⑯）、和やかに終了します。

😆 最高潮！

😊 心が満タン

😊 ワクワク♪

🙂 ホッ…

😥 緊張

気持ちメーター

発展の30分プログラム 遊び案

0歳児向け

「基本の30分プログラム」「応用の30分プログラム」と共通の遊びは42〜45、48〜51ページに掲載しています。

0分 START

◆ はじまりタイム 導入

1 てんこてんこてんこ ^{42ページ}

2 にぎにぎにぎ ^{48ページ}

3 いないいない　ばあ　座る

スタンバイ 子どもを仰向けに寝かせ、親は子どもから顔が見えるように座ります。

いないいない

♪いない　いない…

ばあ

ばあ

POINT

驚かせるのではなく、「ここにいるよ。あなたのことが大好きよ」という眼差しで遊びます。やさしい声で「ばあ」と声をかけ、最高の笑顔で子どもと目を合わせましょう。

① 親が手のひらで顔を隠します。

② 手のひらを開いて、子どもの顔をのぞき込みます。

◆ はじまりタイム リラックス

4 とんとんとん ^{43ページ}

5 どっちんかっちん ^{49ページ}

❤ ふれあいタイム くっついて

6 たかいやま　ひくいやま ^{43ページ}

7 ぎっこんばっこん 座る

スタンバイ 親は膝を伸ばして座り、子どもを足の上に乗せます。

♪ ぎっこんばっこん　よいしょぶね
おきは　なみが　たかいぞ

POINT

子どもの両腕をとって舟をこぐ
ように動かしても楽しめます。

① 子どもを抱いて、ゆっくりと前後に
揺れます。

② 慣れてきたら、大きく左右に揺らし
ます。

❤ ふれあいタイム 離れて

8 のびのびのび ^{44ページ}

9 まーる　ちょん ^{50ページ}

♪ぎっこんばっこん　　　　　　わらべうた

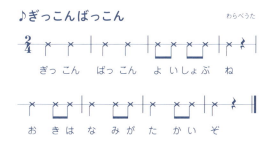

ぎっ　こん　ばっ　こん　よい　しょ　ぶ　ね

お　き　は　な　み　が　た　か　い　ぞ

♪いちり　にり　さんり　　　　　わらべうた

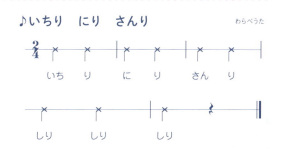

いち　り　に　り　さん　り

しり　　しり　　しり

⑩ いちり　にり　さんり

POINT　距離の「3里」とお灸のツボの「さんり」をかけた遊びです。

スタンバイ　子どもを仰向けに寝かせ、親は顔が見えるように座ります。

♪ いちり　　　♪ にり　　　♪ さんり　　　♪ しりしりしり

① 両足の親指をつまみます。　② 足首をつかみます。　③ 膝をつかみます。　④ お尻の両側をくすぐります。

POINT　子どもの表情をよく見て、心地よいように優しくていねいにふれましょう。

⭐ **ノリノリタイム**　親子で

⑪ このこどこのこ ㊹ページ

⑫ ゆすってゆすって ㊿¹ ページ

⭐ **ノリノリタイム**　集団で

⑬ おんまさんのおけいこ 歩く

スタンバイ　親は子どもをだっこまたはおんぶして、参加者みんなで輪になります。

♪ おんまさんのおけいこ　　♪ いちにで　　　♪ さん

① 歌いながら歩きます。　② 両足をそろえて止まります。　③ 膝を少し曲げて、子どものお尻を少し落とすようにします。

⑭ もどろもどろ 45ページ

⑮ うえからしたから 座る

スタンバイ 保育者2名で軽くて大きな布を持ち、その下に親子がしゃがみます。

POINT 大きな布は、スカーフやふろしきを縫い合わせて作ってもOKです。

♪うえから したから おおかぜ こい

♪こい こい こい

5、4、3、2、1、0(ゼロ)～！

❶ 布をゆっくりと4回上下させます。

❷ ❶より大きく布を2回上下させます。

❸ カウントダウンをしたあと、保育者の1人が布をサッと引き去ります。

POINT 布を動かす幅や風の強さに変化をつけると喜ばれます。

おしまいタイム 結び

⑯ さよならあんころもち 45ページ

 30分 **END**

♪おんまさんのおけいこ　わらべうた

おん　まさん　の　お　けい　こ

い　ち　に　で　さん

♪うえからしたから　わらべうた

うえ　から　した　から　おお　かぜ

こい　　こい　こい　こい

子育て支援の
親子遊び
Q & A ②

Q 子どもが親にくっついたまま動かず、遊びに参加してくれないときは？

A 子どもが反応するまで何回も名前を呼んだり、無理に参加を促したりすることは避け、慣れるまで待つようにしましょう。リーダーは、全体の雰囲気や流れを大切にして遊びを進めていきます。サブリーダーは、子どもが安心できる体勢のままでいいので、リズムに合わせて体にふれたり揺らしたりできるよう、親子のフォローに入りましょう。

一見遊びに参加していないように見える子も、他の親子といっしょに部屋にいることで、場の雰囲気を感じたり、遊びの様子を見たり聞いたりしていますし、それが十分な刺激になります。そのことを親や他の参加者にも伝え、緊張や肩身の狭い思いをしないように配慮したいですね。

Q 親が開始時間に遅れたり、遊びに集中してくれなかったりするときは？

A 親も子も、場所に慣れることが大切です。会場に着いたら、おむつを替えたり水分補給したりする余裕がもてるよう、開始時間の15分前くらいに集合するよう告知をするとよいでしょう。定刻になったら、時間通りに来ている参加者のことを考え、全員揃っていなくても、遊びを始めましょう。遅れてきた親子には、サブリーダーが声をかけて遊びに誘導します。

遊びの最中に、親が遊びについていけなかったり、間違った動きで危ない体勢になったりすることも。また、遊びに集中できずにおしゃべりに夢中になってしまう親もいます。そんなときは、そっと声をかけたり手を貸したりと、サブリーダーが個別に対応をしましょう。

第**3**章

もっと楽しもう！
入れ替え遊び
プラン集

自在にアレンジできるのが「30分プログラム」の醍醐味。
入れ替えや追加にピッタリな楽しい遊びを
年齢別、ブロック別に紹介します。
ぜひ参加者が喜ぶプログラムを作ってみてください。

入れ替え遊び

P22〜57のプログラムと入れ替えができる遊びです。
遊びの流れやねらいに合わせて入れ替えたり加えたりして
楽しみましょう。

🔴 はじまりタイム

導入

♪ いっぽんばし 座る

スタンバイ 親が子どもを膝に乗せるか、隣合って座ります。

♪ いっぽんばし
いっぽんばし
おやまに
なっちゃった

② 以下、1本ずつ指を増やしていきます。

 2本の指→めがね

 3本の指→くらげ

 4本の指→おひげ

 5本の指→ことり

① ひとさし指を立てて片方ずつ出したあと、合わせて山の形を作ります。

♪いっぽんばし　　　　　　　　作詞：湯浅とんぼ　作曲：中川ひろたか

```
1. いっぽんばし　　いっぽんばし　　おやまになっちゃっ　　た
2. に ほんばし　　に ほんばし　　めがねになっちゃっ　　た
3. さんほんばし　　さんほんばし　　くらげになっちゃっ　　た
4. よんほんばし　　よんほんばし　　おひげになっちゃっ　　た
5. ご ほんばし　　ご ほんばし　　ことりになっちゃっ　　た
```

リラックス

♪ まつぼっくり 座る

作詞：広田考夫　作曲：小林つや江

スタンバイ 親は膝を伸ばして座り、子どもを足の上に乗せます。

♪ まつぼっくりが　　あったとさ
たかいおやまに　　あったとさ

① リズムに合わせて軽く膝を上下させ、「さ」で足を開いて子どもをストンと落とします。

♪ ころころころころ
あったとさ

② 小刻みに膝を上下させて激しく揺らします。「あったと」でゆっくり2回はずんで「さ」でストン。

♪ おさるがひろって
たべたとさ

③ ①と同様にします。

♫ かれっこやいて 座る

♪ かれっこやいて

1 手の甲を上にした子どもの手を取り、子どもの膝を4回たたきます。

♪ とっくらきゃして やいて

2 子どもの手をひっくり返し、膝を4回たたきます。

♪ しょうゆつけて

3 子どもの手に、左右2回ずつしょうゆをつけるしぐさをします。

♪ たべたら

4 両手を口元に持っていき、食べるしぐさをします。

♪ うまかろう

5 両手で頬をなでます。

POINT

「かれっこ」は、魚のかれい、「とっくらきゃして」はひっくり返してという意味です。歌う前に、歌詞の意味も伝えましょう。

♪かれっこやいて　　　　　　　わらべうた

かれっ こ やいて　とっ くらきゃ して やいて

しょう ゆー つけて　たべたら うまかろうー

\1・2歳児向け/ 入れ替え 遊び ❤ふれあいタイム

くっついて

🎵 ととけっこー

座る

スタンバイ 親があぐらで座り、子どもを上に乗せます。

POINT 膝が痛いときや、子どもを乗せてつらく感じるときは、無理せずに正座や足を伸ばした状態で行いましょう。

♪ **ととけっこー　よがあけた　まめでっぽう　おきてきな**

① 歌に合わせてゆらゆらと大きく横に揺らします。

おはよう

② 最後に、「おはよう」と優しく声をかけて、子どもの顔をにっこりと見ます。

♪ととけっこー　　わらべうた

ととけっ　こー　よがあけた
まめでっ　ぽう　おきてきな

🎵 ペンギンさんのやまのぼり

座る

スタンバイ 親が膝を立てて座ります。

POINT 子どもが怖がる場合は、膝を低めにしましょう。

♪ **ペンギンさんがこおりのおやまをのぼります**

① 足首のあたりに子どもを座らせてしっかり支え、かかとで8拍リズムを刻みます。

♪ **トーコトッコトコトッコ**

② ゆっくり子どもの体を持ち上げ、膝頭に子どもを乗せます。

♪ **スーッとすべって**

③ 膝頭から足首まで子どもを滑らせます。

POINT 慣れてきたら速くダイナミックに体を動かしてみましょう。

♪ **いいきもち**

④ 子どもを優しく抱きしめます。

離れて

🎵 てってのねずみ

スタンバイ 親子で向かい合って座ります。

♪ **てってのねずみ**
はしかいねずみ
むぎくって　わらくって
こめくって

① 子どもの左手首から肩へ、2本の指でゆっくりとはいのぼります。

♪ **こちょこちょこちょ**

② 脇の下をくすぐります。

♪てってのねずみ　　　わらべうた

てっ　て　の　ね　ず　み　　は　し　か　い　ね　ず　み

む　ぎ　くっ　て　　わ　ら　くっ　て　　こ　め　くっ　て　　こちょこちょこちょ

🎵 あんよはじょうず

スタンバイ 親は座り、子どもは寝転びます。

♪ **あんよはじょうず　ころぶはおへた**

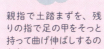

POINT
親指で土踏まずを、残りの指で足の甲をそっと持って曲げ伸ばしするのも楽しいです。

① 足首を持って、ゆっくりと膝を交互に曲げたり伸ばしたりします。

♪あんよはじょうず　　　わらべうた

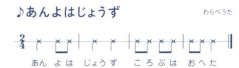

あん　よ　は　　じょう　ず　　こ　ろ　ぶ　は　　お　へ　た

② 数回繰り返して楽しみ、最後は足全体をなでます。

♪ペンギンさんのやまのぼり　　　作詞・作曲：阿部直美

ペンギン　さんが　　こおりの　おやまを　のぼ　り　ま　す　　トー　コ　トッコ　ト　コトッコ　　スーッと　すべって　　いい　き　も　ち

♬ むすんでひらいて（足バージョン） 座る

作詞：不詳　作曲：ルソー

スタンバイ 親は座り、子どもは寝転びます。

♪ むすんで

1 足を伸ばした子どもの足首を持って、軽く上下に動かします。

♪ ひらいて

2 閉じた足を開きます。

POINT 子どもがびっくりしたり痛がったりしないよう、開きすぎに注意。

♪ あしをうって

3 足をとんとんと4回合わせます。

♪ むすんで

4 **1**を繰り返します。

♪ またひらいて あしをうって

5 **2**と**3**を繰り返します。

♪ そのあしを　うえに

6 足を持ち上げ、「ぶらぶらぶら〜」と振ります。

POINT 「こちょこちょこちょ〜」とくすぐるなど、バージョンを変えても。

🎵 おべんとうばこのうた 座る

手遊び歌

スタンバイ 親子で向かい合って座ります。

♪ **これくらいの
おべんとうばこに**

① 子どもの胴体に指で
四角を描きます。

♪ **おにぎり
おにぎり**

② 手でおにぎりの
形を作ります。

♪ **ちょいと
つめて**

③ 子どもの体に詰める
しぐさをします。

♪ **きざみ
しょうがに**

④ 子どもの体を軽くトン
トンたたきます。

♪ **ごましおふって**

⑤ 指先で軽くタッチしま
す。

♪ **にんじんさん**

⑥ 片手を持ってぶら
ぶらします。

♪ **さくらんぼさん**

⑦ 反対の手を持って
ぶらぶらします。

♪ **しいたけさん**

⑧ 頭をなでます。

♪ **ごぼうさん**

⑨ 両足側面を、上から
下へなでます。

♪ **あなのあいた
れんこんさん**

⑩ 両足首を持って、
左右に揺らします。

♪ **すじのとおった
ふき**

⑪ 頭からつま先まで、
なでます。

いただきます

⑫ 歌い終わったら「い
ただきます」と手を
合わせ、むしゃむしゃ
と食べるしぐさでくす
ぐります。

POINT 子どもを仰向けに寝かせ、手足を
さらにダイナミックに動かしても。

入れ替え遊び ★ノリノリタイム

親子で

♪ えんやらもものき 立つ

スタンバイ 子どもを抱いて、立ちあがります。

♪ えんやらもものき
　ももがなったら　だれにやろ
　おかあさんに　あげよか
　おねえさんに　あげよか
　だれに　あげよか

子守唄を歌うように、優しく
背中をとんとんしながら、子
どもをゆっくり揺すります。

POINT

「おねえさん」の部分に、
子どもの名前を入れて
歌いましょう。

♪えんやらもものき　　　　わらべうた

えん やら もものき　も もがなったら だれにやろ　おかあさんに

あげよか　　おねえさんに　あげよか　　だ れに　あげよか

♪ こりゃどこのじぞうさん 立つ

スタンバイ 親は後ろから子どもの胴体をしっかり支えて持ちます。

♪ こりゃ　どこの　じぞうさん
　うみの　はたの　じぞうさん
　うみにつけて

♪ どぼーん

1 ゆっくりと左右に大きく
揺すります。

2 「どぼーん」と言いながら、
膝を曲げて床におろします。

🎵 つき 立っ

スタンバイ 親子で向かい合って立ちます。

🎵 でたでたつきが　まあるいまあるいまんまるい
　　ぼんのような　つきが

POINT

夜空にお月様が高く昇っていく様子を思い浮かべ、子どもをお月様に見立てて静かに持ち上げましょう。

① 子どもの胴体を支え、歌いながらゆっくりと左右に揺らし、少しずつ体を持ち上げていきます。

② 最後の「つきが」で、ゆっくりと子どもの体を持ち上げて、たかいたかいします。

⚫ ぶらんこ 立っ

スタンバイ 親は立って、子どもを抱き上げます。

ぶーらん　ぶーらん

ぐるぐるぐる〜

① 親は両足を大きく開き、子どもの胴体をしっかり持って、ぶらんこに乗っているように前後に揺らします。

② 子どもの胴体を支えたまま、大きく回転します。

🎵こりゃどこのじぞうさん　　　わらべうた

こりゃ　どこの　じ　ぞう　さん
うみの　はたの　じ　ぞう　さん
うみに　つけて　どぼーん

つき　　　文部省唱歌

でた　でた　つき　が
まあるい　まあるい　まんまるい
ぼーんの　ような　つき　が

67

🎵 おうま 歩く

> **スタンバイ** 親は子どもをおんぶして、参加者みんなで輪になります。

🎵 **おうまのおやこは なかよしこよし**

🎵 **いつでもいっしょに ポックリポックリあるく**

🎵 **おうまのかあさん やさしいかあさん こうまをみながら ポックリポックリあるく**

① リズムに合わせて 進行方向に歩きます。

② 止まって左右に揺すり、その場で 4回飛び跳ねます。

③ 1番と同様に繰り返します。

● だるまさんがころんだ 歩く

> **スタンバイ** 親が子どもをおんぶ（だっこ、手をつなぐなども OK）して大きな輪を作り、同じ方向に歩きます。保育者は輪の内側に入り、おにの役割をします。

だるまさんがころんだ

> **POINT**
> おには速く言ったり 遅く言ったりすると、 ピタッと止まる遊び をみんなでスリリン グに楽しめます。

① おにが目を閉じて「だるまさんがころんだ」と声を かけ、親子は言い終わりに合わせて止まります。

② おには周りを見渡して、動いている 親子がいたら「見一つけた」と声を かけます。

♬ おちゃをのみに

歩く

スタンバイ 子どもを抱くか手をつないで、輪になって内側を向いて立ちます。

♪ **おちゃをのみに きてください**

① リズムに合わせて輪の中央に向かい7歩前進します。

♪ **はい　こんにちは**

② 前や横の人と顔を合わせ、お辞儀をします。

POINT
大人が大きな声で明るく挨拶をすることで、仲間づくりのきっかけにもなります。

♪ **いろいろおせわに なりました**

③ 子どもを抱いたまま、7歩でその場で回ります。

♪ **はい　さようなら**

④ 早足で後ろに下がります。

♪おうま　　作詞：林 柳波　作曲：松島つね

1. おうまの おやこは なかよし
2. おうまの かあさん やさしい

こよし　いつでも　いっしょに
かあさん　こうまを　みながら

ポックリ ポックリ あるく
ポックリ ポックリ あるく

♪おちゃをのみに　　わらべうた

おちゃを のみに きてください はい

こんにちは　いろいろ おせわに

なりました　はい さようなら

はじまりタイム

導入

● れろれろれろ 座る

スタンバイ 親は子どもを向かい合わせにだっこして座ります。

れろれろれろ

POINT
子どもがじっと見たり笑ったり、口元を動かしたり、なんらかの変化が見られたら「じょうず、じょうず」とほめましょう。

子どもと目を合わせ、「れろれろれろ」と言いながら、舌を左右に動かして見せます。

♪ バリエーション ♪

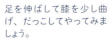
足を伸ばして膝を少し曲げ、だっこしてやってみましょう。

子どもの体を少し起こしてしっかり支え、舌の動きがよく見えるようにしてもよいでしょう。

リラックス

♫ だるまさん 座る

わらべうた

スタンバイ 親は足を伸ばして座り、子どもを膝の上に向かい合わせに乗せます。

POINT
「あっぷっぷ!」と表情を作ったあとは、にっこり笑って抱きしめましょう。

♪ **だるまさん　だるまさん**
にらめっこしましょ
わらうとまけよ

① 膝を軽く上下させ、子どものお尻を弾ませながらほほえみ合います。

♪ **あっぷっぷ**

② 頬を膨らませ、子どもの目を見て静止します。

🎵 おすわりやす　いすどっせ ![座る]

※楽譜は24ページに掲載しています。

スタンバイ 親は足を伸ばして座り、子どもを乗せます。

♪ おすわりやす　いすどっせ
あんまりのったら

♪ こけまっせ

POINT
前に傾かないように、柔らかくしっかりと抱きます。

① リズムに合わせて膝を上下させます。

② 足を開き、子どもを下にそっと落とします。

🎵 チューリップ ![座る]

作詞：近藤宮子　作曲：井上武士

スタンバイ 親は足を伸ばして座り、子どもを乗せます。

♪ さいた　さいた
チューリップのはなが

♪ ならんだ　ならんだ
あか　しろ　きいろ

♪ どのはな　みても
きれいだな

た

が

だ

ろ

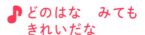

な

そっ

① 膝を上下させ、「た」では静止し、最後の「が」で足を広げて、そっと子どものお尻を床におろします。

② ①と同様に膝を上下させます。「だ」で静止し、最後の「ろ」で足を開き、子どもをおろします。

③ 同様に膝を上下させ、最後の「な」で、そっと床におろします。

❤ ふれあいタイム

くっついて

🎵 さかながはねて 🪑座る

スタンバイ 親は足を伸ばして座り、子どもを膝に乗せます。

♪ さかながはねて

♪ ピョン

♪ あたまにくっついた ぼうし

④ 2番、3番も歌詞に合わせて遊びます。

① 親が手を添えて、子どもの両手を合わせて左右に揺ります。

② 合わせた手をそのまま上に持ち上げます。

③ 子どもの手を、子どもの頭にのせます。

♪さかながはねて　　　　　　　作詞・作曲：中川ひろたか

1. さかなが　は ねてピョン　　あたまにくっつい　たぼうし
2. さかなが　は ねてピョン　　おめめにくっつい　ためがね
3. さかなが　は ねてピョン　　おでこにくっつい　たおねつ

🎵 おふねがぎっちらこ 🪑座る

スタンバイ 親は足を伸ばして座り、子どもを向かい合わせに乗せます。

♪ おふねがぎっちらこ　ぎっちらこぎっちらこ
せんぞうや　まんぞうぞ

① 背中を支え、前後に押したり引いたりして遊びます。

② 最後に、親が子どもを抱いて仰向けに寝て、「よいしょ」と反動で起き上がります。

♪おふねがぎっちらこ　　わらべうた

おふねが　ぎっちらこ　　ぎっちらこ

ぎっちらこ　せんぞうや　まんぞう　ぞ

はなちゃん 座る

POINT 「はなちゃん」の部分は子どもの名前に変えて歌います。

スタンバイ 親子で向かい合って座ります。月齢が低い子は寝かせた状態でOK。

♪ **はなちゃん**

① 子どもの鼻を、人さし指で軽く2回触ります。

♪ **りんごを**

② 子どもの頬を、人さし指で軽く2回触ります。

♪ **たべたい**

③ 子どものくちびるを、人さし指で軽く2回触ります。

♪ **の**

④ 子どもの額を、人さし指で1回触ります。

♪ **はなちゃん**

⑤ 子どもの鼻を、人さし指で軽く2回触ります。

♪はなちゃん　　わらべうた

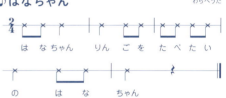

いっぽんばしこちょこちょ 座る

スタンバイ 親子で向かい合って座ります。

♪ **いっぽんばし こちょこちょ**

① 子どもの手を取って、人さし指で手のひらをなでます。

♪いっぽんばしこちょこちょ　　わらべうた

♪ **すべって**

② 腕から手の甲をなでます。

♪ **たたいて**

③ 手のひらをそっとたたきます。

♪ **つねって**

④ 手の甲を優しく指でつまみます。

♪ **かいだん のぼって**

⑤ 子どもの手首から腕にかけて、人さし指と中指で登ります。

♪ **こちょこちょ**

⑥ わきの下をくすぐります。

ノリノリタイム

0歳児向け 入れ替え遊び ★

親子で

🎵 ぶらんこ 立っ🎤

スタンバイ 親は子どもを抱いて立ち上がります。

POINT 喜んでいるかどうか、表情をよく見ながらスリルを楽しみましょう。

♪ ぶらんこゆれて
おそらがゆれる
ゆらゆらゆらりん

ひゅ～～～ん

♪ きのえだゆれて
わたしもゆれる
ゆらゆらゆらりん
ゆらゆらゆらりん
ひゅ～～ん

① ぶらんこに乗ったように、ゆったりと大きくゆらゆら揺すります。

② その場でぐるぐると回ります。

③ 同じように揺れて、歌い終えたら「ひゅーん」で反対の方向に回ります。

♪ぶらんこ　　　作詞：都築益世　作曲：芥川也寸志

ぶ　らん　こ　ゆれて　　お　そ　ら　が　ゆれる
ゆ　らゆ　ら　ゆ　らりん　　き　のえ　だ　ゆれて
わ　た　し　も　ゆ　れる　　ゆ　らゆ　ら　ゆ　らりん
ゆ　ら　ゆ　ら　ゆ　らりん

♪もどろもどろ　　わらべうた

も　どろ　　も　どろ
もも　の　は　もどろ
か　え　ろ　　か　え　ろ
かきの　は　かえろ

🎵 なべなべそこぬけ

スタンバイ 親は子どもを抱いて立ち、参加者全員で輪になります。

♪ **なべなべ そこぬけ**

① 輪の中央を向き、歌いながら子どもを左右に揺すります。

♪ **そこがぬけたら かえりましょ**

② その場でゆっくりと外側を向き、背中合わせの輪になります。

♪ **なべなべそこぬけ そこがぬけたら かえりましょ**

③ 子どもを揺すりながら、ゆっくりとその場で回転して内側を向き、元に戻ります。「かえりましょう」で、参加者同士で顔を見合わせます。

♪なべなべそこぬけ　　　わらべうた

なべ　なべ　そこ　ぬけ

そこが　ぬけたら　かえりま　しょ

🎵 もどろもどろ（大小バージョン）

スタンバイ 親が子どもをだっこし、参加者全員で輪になります。

♪ **もどろもどろ　もものは　もどろ かえろかえろ　かきのは　かえろ**

POINT 数回繰り返して遊び、大小の違いを楽しみましょう。

① 輪になったまま、前進したり後退したりします。

② 数回遊んだら、「小さくな〜れ」というリーダーの声かけで、小走りに中心に進みます。

③ 「大きくな〜れ大きくな〜れ1、2の3」でゆっくりと後退して、大きな輪を作ります。

親子遊び プログラム 計画シート

歳児向け

実施日　　　　年　　　月　　　日（　　）　　：

はじまりタイム

導入 ▶ リラックス

ふれあいタイム

くっついて ▶ 離れて

0分
START
☐ 挨拶
☐ 名前を呼ぶ

ポイント

備考（プログラムのポイント、参加者の情報、伝達事項など）

....

....

....

ノリノリタイム

親子で ▶ 集団で

おしまいタイム

クールダウン 結び

➡

30分

END

□ 挨拶

盛り上げのPOINT

😆 最高潮！

😌 心が満タン

🙂 ワクワク♪

😌 ホッ…

😣 緊　張

気持ちメーター

あとがき

　福島県白河市で親子対象の遊び教室の担当保育士となって、20年以上の時が流れました。

　「特別なことをするのではなく、親が子どもと向き合って、ふれたり抱きしめたりして、関わり方を体験できるような遊びを伝えてほしい」と地域の保健師さんから依頼されてから、たくさんの親子と出会い、数々の経験と学びを積み重ねました。こうして作り上げてきた親子遊びプログラムが、この本の土台になっています。

　東日本大震災のあとには、在宅保育士と臨床心理士で協力し、親子遊び＆親ミーティングの活動も開始しました。この活動は、福島県や山形県など各地で行っていて、現在も継続しています。

　震災直後、避難所で親子遊びを行ったときのことです。緊張と不安で体を硬くしていた子どもが、母親の膝の上でわらべうた遊びをすると、「もう一回！」と目を輝かせ笑顔になりました。その笑顔を見て、無表情だった母親がほほえんだ姿は、今でも忘れられません。避難所という緊迫した環境のなか、親に抱かれた子どもがうっとりと目を閉じたり、おんぶされた子が声を出して笑ったりした一瞬一瞬に、親子遊びは必要だという思いが、私のなかでさらに強くなっていきました。

　親子遊びは、親と子がふれあって遊ぶことで信頼関係や愛着が育まれることを

目的としています。本書では、特別な道具は使っていません。場所を問わず誰でもできる遊びで、子育ての楽しさを感じてもらえる内容となっています。紹介した以外にも、楽しいリズム遊びや言葉の美しさを味わえる歌はたくさんあります。ぜひ、いろいろなアレンジを加えてください。ときには片方の壁側から子どもを走らせて反対側で待つ親に抱きしめてもらう遊びや、スカーフなどの小さな布を使ったわらべうた遊びなどをノリノリタイムに盛り込んだり、クールダウンのために絵本の読み聞かせをしたりしてみることも楽しい試みです。遊びの意味や目的を考慮し、さらに工夫してみていただければと思います。

　保育者の役割は、遊びのノウハウを伝えるだけではありません。親子の気持ちに寄り添った遊びの流れを作ることが大切なのです。できるところから実践し、その楽しさをぜひ実感してください。

　「親子遊び30分プログラム」を通じて、親の笑顔や穏やかな声、温かな肌のぬくもりなどが目の前の子どもに向けられますように、そして、子ども自身が愛されていると実感し、親自身も癒やされる時間になりますように、心から願っています。

2017年秋　永野美代子

永野美代子

私立幼稚園に8年間勤務後、双子の出産を機に退職。平成8年、福島県白河市の保健センターにて保育士として遊び教室を担当して以来、親子遊びに取り組んでいる。NPO法人「子育て環境を考える虹の会」理事長、同会が運営する子育て支援拠点「たんぽぽサロン」代表。NPO法人「ハートフルハート未来を育む会」理事、登録保育士代表。認定子育てアドバイザー、地域子育て支援士一種。

ブックデザイン	坂野由香、桑水流麗美、南雲綺李子
表紙イラスト	たかしまよーこ
本文イラスト	有栖サチコ、いとう・なつこ、坂本直子、町塚かおり
本文校正	有限会社くすのき舎
編集協力	東條美香、瀬川未佳
編集	井上淳子

子育て支援の親子遊び 30分 プログラム

2017年11月　初版第1刷発行

著者	永野美代子
発行人	村野芳雄
編集人	西岡育子
発行所	株式会社チャイルド本社
	〒112-8512 東京都文京区小石川5-24-21
	電話／03-3813-2141（営業）03-3813-9445（編集）
	振替／00100-4-38410
印刷・製本	図書印刷株式会社

©Miyoko Nagano 2017 Printed in Japan
ISBN 978-4-8054-0264-1　　NDC376　24×19cm　80P
日本音楽著作権協会（出）　許諾第1712938-701号

チャイルド本社ホームページアドレス　http://www.childbook.co.jp/
チャイルドブックや保育図書の情報が盛りだくさん。どうぞご利用ください。